Georg Schilling

„Schalom und Grüß Gott"? – Die NGO „Koordinierungsausschuss für christlich-jüdische Zusammenarbeit" in
Österreich

Pragmatische Analyse der Grundlinien, Aufgaben und potentieller
Zukunftsszenarien der NGO und NPO in Österreich

GRIN Verlag

Bibliografische Information der Deutschen Nationalbibliothek:

Die Deutsche Bibliothek verzeichnet diese Publikation in der Deutschen National-
bibliografie; detaillierte bibliografische Daten sind im Internet über http://dnb.d-
nb.de/ abrufbar.

Impressum:

Copyright © 2009 GRIN Verlag GmbH
Druck und Bindung: Books on Demand GmbH, Norderstedt Germany
ISBN: 978-3-640-32206-0

Dieses Buch bei GRIN:

http://www.grin.com/de/e-book/127104/schalom-und-gruess-gott-die-ngo-koordi-
nierungsausschuss-fuer-christlich-juedische

Wissenschaftliche Untersuchungen der Gegenwart des
interreligiösen Diskurses

„Schalom und Grüß Gott"? – Die NGO „Koordinierungsausschuss für christlich-jüdische Zusammenarbeit" in Österreich

Pragmatische Analyse der Grundlinien, Aufgaben und potentieller
Zukunftsszenarien der NGO und NPO „Koordinierungsausschuss für
christlich-jüdische Zusammenarbeit" in Österreich unter Würdigung
von Chancen und Risiken im interreligiösen, zivilgesellschaftlichen,
globalen Diversity-Management-Kontext vor der Folie der Botschaft
ua von Franz KÖNIG, Kurt SCHUBERT, Ulrich TRINKS sowie von
„Nostra Aetate"

Mag. Georg Schilling

Wien, 2.5.2009

Inhaltsverzeichnis

1 Einleitung

1.1 Einführung

Die Bedeutung von Kontroversen etwa in Wirtschaft und Recht etwa darf durchaus als bekannt bezeichnet werden. Mitunter ist sie auch von (unsachlicher, bissiger) Polemik gekennzeichnet. Damit verbindet sich eine alte (bedauerliche) „Tradition" u auch zwischen der einen oder anderen (Welt-) Religion. Dieser (bedenkliche) Tradition, die nicht selten (bis) zu Pogromen[1] führte, wird insbesondere in Gestalt des Koordinierungsausschusses für christlich-jüdische Zusammenarbeit ein sachlicher und spannender Kontrapunkt interreligiösen Diskurses[2] entgegengesetzt. Die Frage ist auch, welche Aufgaben diese Einrichtung, die zahlreichen Menschen etwa der christlichen Religion als nicht bekannt kommentiert wird, in der Zukunft haben könnte. Jüngste (verrückte) Behauptungen des röm.-kath. „Bischofs"[3] Richard Nelson WILLIAMSON oder etwa die Aussagen etwa (zT) im Zuge des Werbens um Teilnahme an so genannten „Anti-Gentechnik-Demonstrationen"[4] [sic!] oder etwa Schmierereien in der einen oder anderen Wiener „Linie" oder (aufgeheizte, überzogene, geradezu kriminelle

---

[1] Wer in Wien etwa das – hoch interessante - **Jüdische Museum** besucht, wo etwa das Denkmal betreffend die tausenden Opfer in den KZs unweit sich befindet, wird ua auch den Begriff der so genannten „Gezera" lesen. Fraglich könnte sein, wie sehr in einem so genannten „Allgemeinbewusstsein" der Wiener Bevölkerung das Wissen um die historische Existenz dieser Pogrome (allgemein hin) existent, bewusst ist.

[2] Zum sog „**abrahamischen Dialog**" betreffend etwa Christen und Muslime siehe ua SCHIMMEL 2002: 1ff. Der Autor dankt für Wertungen zu diesem Werk recht herzlich Herrn Pastoralassistent Hans KOUBA.

[3] Das Wort steht insofern unter Anführungszeichen als etwa zufolge (dem sehr anspruchsvolle, lebensnahe und abwechslungsreiche Predigten haltenden) Msgr DDr. Werner REISS solange jemand sich (selber) von der Gemeinschaft der röm.-kath. Kirche „exkommuniziert" habe, insoweit er den Holocaust leugne, wie dies DDr. Werner REISS in einer Messe am 15.2.2009 unter Beiseins ua von Em. Prof. Dr. Norbert LESER anschaulich, lebensnah und verständlich und mit mutig-sachlicher Klarheit darlegte.

[4] So wollte etwa eine Dame dem Verfasser dieser Zeilen weißmachen, dass an „allem" (vor allem dem – wie sich herausschälte – so genannten „**Demokratiedefizit**" der EU, „der Rothschild", ebenso wie etwa an der Finanzkrise etc.) schuld sei: hier zeigt sich, wie sehr Stereotype und Verschwörungstheorien den Menschen in einen (gefährlichen) Bann ziehen vermögen, ohne generaliter zivilgesellschaftliche Engagements hiermit in Frage stellen zu wollen oder den Ausbau von mehr Demokratie diskreditieren zu wollen. Fraglich könnte sohin sein, ob nicht – mehr den je – die Politik der Zukunft gefragt sein könnte, gegen derlei (verrückte) „**Verschwörungstheorie**"-Bedrohungen nüchtern, sachlich und fachlich präventive konstruktiv-sachliche, aufklärende Kontrapunkte zu setzen. Zur besonderen Verschwörungstheorie um „den" Rothschild bzw. „die" Rothschilds siehe ua WIKIPEDIA – DIE FREIE ENZYKLOPÄDIE, (http://de.wikipedia.org/wiki/Rothschild#Verschw.C3.B6rungstheorien, Suchbegriff „Rothschild", Abrufdatum 2.5.2009).

Überzeichnungen und Vergleiche im Kontext des so genannten „Nahost-Konflikts") zeigen (klar) auf, (nachdringlich und deutlich), welche Bedeutung diesen Frage(n)[5] zukommt, insoweit, als sie belegen, wie wichtig der christlich-jüdische Dialog ist, wie wichtig die Kenntnis „des" „Anderen", wie bedeutend (sachliche, nüchterne und ausgewogene, profunde Information) über „die" Sichtweisen „des" Anderen sind) und wie sehr dieser etwa durch Spinner und (ultra-) reaktionäre Strömungen, etwa in manchen Teilen etwa der röm.-kath. Kirche[6] erodiert werden kann.

1.2   Gang der Untersuchung

Zu Beginn wird ein kurzer Abriss der Geschichte des ö[7] Koordinierungsausschusses für christlich-jüdische Zusammenarbeit vorgenommen unter Würdigung ua der Leistungen von Kurt und Ursula SCHUBERT sowie Franz Kardinal KÖNIG, sodann wird auf die Aufgaben des Koordinierungsausschusses in der Gegenwart eingegangen, abschließend wird der Versuch unternommen, mögliche Zukunftslinien der weiteren Entwicklung des Koordinierungsausschusses für christlich-jüdische Zusammenarbeit anzuskizzieren.

---

[5]   Siehe nur etwa ua MAYER auf der HP des FOCUS am 7.2.2009 (http://www.focus.de/politik/ausland/vatikan-vs-williamson-holocaust-leugner-bleibt-uneinsichtig_aid_369197.html, „Vatikan vs. Williamson: Holocaust-Leugner bleibt uneinsichtig", Abrufdatum 30.4.2009), siehe ferner etwa WENSIERSKI auf der HP des SPIEGEL (http://www.spiegel.de/panorama/gesellschaft/0,1518,603618,00.html, „Katholische Kirche: Rechtsextremisten feiern Holocaust-Leugner Williamson", Abrufdatum 30.4.2009).

[6] Zu einer Antwort auf die „Spitzenleistung" etwa von Dr. RATZINGER jüngst siehe etwa auf der HP des INTERNATIONAL COUNCIL OF CHRISTIANS AND JEWS, von BRANDT, MÜNNICH und SCHULZ-JANDER vom 26.1.2009 (http://www.jcrelations.net/de/?item=3060 , „Bestürzung und Entsetzen. Brief an Papst Benedikt XVI.", Abrufdatum 1.5.2009).

[7]   Zum d sog „Koordinierungsrat" siehe insbes die HP des DEUTSCHEN KOORDINIERUNGSRATES DER GESELLSCHAFTEN FÜR CHRISTLICH-JÜDISCHE ZUSAMMENARBEIT e.V. (http://www.deutscher-koordinierungsrat.de/09_01.php , „Gesellschaften für Christlich-Jüdische Zusammenarbeit, Deutscher Koordinierungsrat (DKR) e.V.", Abrufdatum 1.5.2009).

1.3 Die „Genesis" des Koordinierungsausschusses in Ö

1.3.1 Die Vereinsgründung durch Prof Dr Kurt SCHUBERT anno 1956

Im Sommer 1956 wurde der Koordinierungsausschuss durch den (bibliophilen[8]) Wissenschafter Prof[9] Dr Kurt SCHUBERT[10] - einem röm.-kath. Widerstandskämpfer[11], wie auch sein Vater ein Widerstandskämpfer[12] war, gegründet, und zwar wurde SCHUBERT von Prälat RUDOLF – zufolge SCHUBERT[13] - „aufgefordert, im Rahmen der österreichischen Pax Christi Bewegung eine Arbeitsgruppe "Christen und Juden" zu gründen. Aus dieser entstand 1964/ 65 der "Koordinierungsausschuss für christlich-jüdische Zusammenarbeit". Zunächst war er eine „Sektion" der internationalen röm.-kath. Friedensbewegung PAX CHRISTI[14], später konstituierte er sich, zufolge HIMMELBAUER[15] auf Ermutigung von Kardinal Franz KÖNIG, als eigenständiger Verein (unter evangelischer und jüdischer Beteiligung).[16] Zu Zeiten von PAX CHRISTI

---

[8] Zu Werken von SCHUBERT selbst siehe ua SCHUBERT 1992: 1ff, ferner SCHUBERT 1999: 1ff.

[9] SCHUBERT gründete das erste Institut für Judaistik in Europa.

[10] Zur Person von Prof Dr Kurt SCHUBERT siehe ua die HP des INSTITUTS FÜR JUDAISTIK DER UNIVERSITÄT WIEN (http://www.univie.ac.at/judaistik/pers/schubert.html, „emer. o. Univ.-Prof. Dr. Dr. h.c. Kurt Schubert (1923-2007)", Abrufdatum 30.4.2009), ferner die HP von SCHUBERT/SCHUBERT zum Thema „Ursula und Kurt Schubert" (http://www.kurt-ursula-schubert.at/, Abrufdatum 30.4.2009), fernerhin HIMMELBAUER auf der HP des INTERNATIONAL COUNCIL OF CHRISTIANS AND JEWS, am 4.2.2007, (http://www.jcrelations.net/de/?item=2807 , „Zum Gedenken an Kurt Schubert (1923-2007), Abrufdatum 1.5.2009), ferner etwa auf der HP der Online-Zeitung der UNIVERSITÄT WIEN einen Nachruf auf Prof SCHUBERT (http://www.dieuniversitaet-online.at/personalia/beitrag/news/judaist-kurt-schubert-83-jahrig-gestorben/297.html, „Judaist Kurt Schubert 83-jährig gestorben", Abrufdatum 1.5.2009).

[11] Kurt SCHUBERT erwähnte mir und anderen Menschen am 10.7.2005 in einer privaten Mitteilung ua, dass er etwa in Telefonzellen Zettel mit Parolen, wonach Österreich wieder frei sein werde, unter Risikierung seines Lebens, platzierte.

[12] SCHUBERT erwähnte mir und anderen Mitmenschen gegenüber unter anderem in einer privaten Mitteilung am 10.7.2005, dass sein Vater ua von den Nazis etwa gefoltert wurde.

[13] So SCHUBERT am 19.5.2003 mit der Überschrift „Die Gründung des Koordinierungsausschusses für christlich-jüdische Zusammenarbeit" auf der HP des INSTITUTS FÜR JUDAISTIK DER UNIVERSITÄT WIEN (http://www.univie.ac.at/judaistik/pers/schubert.html, „emer. o. Univ.-Prof. Dr. Dr. h.c. Kurt Schubert (1923-2007)", Abrufdatum 30.4.2009).

[14] Heute versteht sich PAX CHRISTI ökumenisch offen.

[15] Siehe hierzu HIMMELBAUER auf der HP des INTERNATIONAL COUNCIL OF CHRISTIANS AND JEWS, (http://www.jcrelations.net/de/?item=2224, „König, Franz Kardinal – Mentor und Träger der christlich-jüdischen Erneuerung", Abrufdatum 1.5.2009).

[16] Siehe hierzu insbes HIMMELBAUER auf der HP des KOORDINIERUNGSAUSSCHUSSES FÜR CHRISTLICH-JÜDISCHE ZUSAMMENARBEIT (http://www.christenundjuden.org/de/?item=479, „Im Bewusstsein der bleibenden Erwählung Israels", Abrufdatum 30.4.2009).

ging es zufolge HIMMELBAUER[17] ua um Folgendes: „„Neben den Bereichen Österreich-Italien, Nationalsozialisten-Christen („Die Tugend der Feindesliebe"), Minderheiten, Sozialisten-Christen sollte auch das „Judenproblem" eine Rolle spielen, „denn es gibt in Österreich immer noch Hasskomplexe und gerade in dieser Richtung ist seit 1945 nichts geschehen." (Sitzungsprotokoll)"[18] Anno 1962 fand bereits eine Einigung betreffend den (jetzigen) Vereinsnamen statt.[19] Ein erstes Ziel anno 1965 war es „ein Memorandum zur „Darstellung des Judentums in der Katechese" zu erarbeiten."[20] 1970 bereitet Sr.a Dr.a Hedwig WAHLE[21] mit Prof Dr. Kurt SCHUBERT, Msgr. Dr. Otto MAUER[22] und der Historikerin Dr. Erika WEINZIERL[23] – zufolge HIMELBAUER/TRINKS[24] - „eine Erklärung vor, die von der Wiener Diözesansynode ohne Gegenstimme angenommen wurde. Sie enthielt eine der für die

---

[17] HIMMELBAUER auf der HP des KOORDINIERUNGSAUSSCHUSSES FÜR CHRISTLICH-JÜDISCHE ZUSAMMENARBEIT (http://www.christenundjuden.org/de/?item=479, „Im Bewusstsein der bleibenden Erwählung Israels", Abrufdatum 30.4.2009).

[18] Siehe hierzu HIMMELBAUER auf der HP des KOORDINIERUNGSAUSSCHUSSES FÜR CHRISTLICH-JÜDISCHE ZUSAMMENARBEIT (http://www.christenundjuden.org/de/?item=479, „Im Bewusstsein der bleibenden Erwählung Israels", Abrufdatum 30.4.2009).

[19] Siehe hierzu ua HIMMELBAUER auf der HP des KOORDINIERUNGSAUSSCHUSSES FÜR CHRISTLICH-JÜDISCHE ZUSAMMENARBEIT (http://www.christenundjuden.org/de/?item=479, „Im Bewusstsein der bleibenden Erwählung Israels", Abrufdatum 30.4.2009).

[20] Siehe hierzu HIMMELBAUER auf der HP des KOORDINIERUNGSAUSSCHUSSES FÜR CHRISTLICH-JÜDISCHE ZUSAMMENARBEIT, (http://www.christenundjuden.org/de/?item=479, „Im Bewusstsein der bleibenden Erwählung Israels", Abrufdatum 30.4.2009).

[21] WAHLE studierte ua Judaistik, setzte sich entschieden gegen Antisemitismus ua in den Lehrbüchern ein und engagierte sich stark im christlich-jüdischen Dialog. Sie war Mitglied der Kongegation der so genannten SIONSSCHWESTERN, die sich für die Beschleunigung der interreligiösen Verständigung zwischen Judentum und Christentum mit Nachdruck einsetzen.

[22] MAUER ist bekannt ua für die Gründung der „Galerie nebst Sankt Stefan" sowie für seine Predigten.

[23] Em.a Prof.a Dr.a WEINZIERL schrieb ua eine Arbeit über Österreich und die Judenverfolgung 1938-1945. Sie ist Ehrenpräsidentin der Aktion gegen den Antisemitismus.

[24] Siehe hierzu HIMMELBAUER/TRINKS auf der HP des KOORDINIERUNGSAUSSCHUSSES FÜR CHRISTLICH-JÜDISCHE ZUSAMMENARBEIT (http://www.christenundjuden.org/de/?item=93 „Sr.a Hedwig Wahle (1931-2001)", Abrufdatum 2.5.2009). TRINKS war langjähriger Leiter der Evangelischen Akademie, setzte sich für Entwicklungspolitik, fernerhin Entwicklungszusammenarbeit ein, ist gegen Antisemitismus aufgetreten, hat sich mit der Geschichte seines Glaubens kritisch auseinandergesetzt, war bereit zu Kritik und Konfrontation, wo seiner Ansicht nach angebracht. Überdies engagierte er sich für die Rechte der Kärntner Slowenen. Zur Person TRINKs siehe nicht zuletzt CHALUPKA auf der HP der DIAKONIE vom 2.6.2008, (http://www.diakonie.at/goto/de/presse_service/pressetexte/der-muendige-christ, „Der mündige Christ", Abrufdatum 2.5.2009), zu TRINKS siehe ferner UHL auf der HP der EVANGELISCHEN AKADEMIE WIEN (http://evang-akademie.at/ressourcen/nachlese/Ulrich%20Trinks%20-%20Zwischen%20Geschichte%20und%20Zukunft.pdf, „Ulrich Trinks- Zwischen Geschichte und Zukunft", Abrufdatum 2.5.2009).

damalige Zeit deutlichsten Verurteilungen des Antisemitismus."[25] Anno 1978 fand eingedenk des 100. Geburtstages von Martin BUBER eine gemeinsame „Festakademie" des Koordinierungsausschusses und der Aktion gegen den Antisemitismus statt. Der damalige Bundespräsident Rudolf KIRCHSCHLÄGER sowie die damalige Unterrichtsministerin Hertha FIRNBERG[26] kamen auch zu dieser Veranstaltung.[27] 1979 hielt (der heutige[28] Oberrabbiner der IKG) Paul Chaim EISENBERG[29] einen Vortrag zum Thema „Die Gottesfrage nach Auschwitz".[30] Damals wurden – wie heute – ua Tätigkeitsberichte erstellt, Diskussionen geführt, Vorträge (ua etwa durch EISENBERG) gehalten.

1.3.2 Die Gründung der Quartalszeitschrift „Dialog-Du Siach" anno 1990

Anno 1990 wurde die Quartalszeitschrift „Dialog – Du Siach / christlich-jüdische Informationen" gegründet. In ihr finden sich ua Berichte sowie Terminankündigungen.[31] Einer der sicher spannendsten und zugleich von der Thematik anspruchsvollsten Beiträge ist – gleichwohl nach subjektiver, dilettierender Einschätzung des Autors – etwa jener von Bischof Dr. Manfred SCHEUER anno 2009,[32] in welcher SCHEUER ruhig und wohl überlegt sowie souverän einen Vortrag

---

[25] So HIMMELBAUER/TRINKS auf der HP des KOORDINIERUNGSAUSSCHUSSES FÜR CHRISTLICH-JÜDISCHE ZUSAMMENARBEIT (http://www.christenundjuden.org/de/?item=93 ,"Sr.a Hedwig Wahle (1931-2001)", Abrufdatum 2.5.2009).

[26] Dem oder der einen oder anderen WU-Studenten/der anderen WU-Studentin „jüngeren Datums" wird Hertha FIRNBERG etwa - ua - durch eine Tafel im 1. Stock des UZA I ein „Begriff" sein.

[27] Siehe hierzu etwa HIMMELBAUER auf der HP des KOORDINIERUNGSAUSSCHUSSES FÜR CHRISTLICH-JÜDISCHE ZUSAMMENARBEIT (http://www.christenundjuden.org/de/?item=479, „Im Bewusstsein der bleibenden Erwählung Israels", Abrufdatum 30.4.2009).

[28] EISENBERG ist seit 1984 Oberrabbiner der IKG (Israelitische Kultusgemeinde).

[29] Zu einer Arbeit von EISENBERG siehe ua STANZICK auf der (HP der) „virtuelle(n)" Literaturzeitschrift SANDAMMEER (http://www.sandammeer.at/rezensionen/rabbiner-pceisenberg.htm, Paul Chaim Eisenberg – „Erlebnisse eines Rabbiners", Abrufdatum 30.4.2009).

[30] Siehe hierzu HIMMELBAUER auf der HP des KOORDINIERUNGSAUSSCHUSSES FÜR CHRISTLICH-JÜDISCHE ZUSAMMENARBEIT (http://www.christenundjuden.org/de/?item=479, „Im Bewusstsein der bleibenden Erwählung Israels", Abrufdatum 30.4.2009).

[31] So wird etwa zufolge einer Terminankündigung auf S. 62 des 75. „DIALOG DU-SIACH" vom April 2009 vom 19.-24.7.2009 die „1. Mitteleuropäische christlich-jüdische Bibelwoche Heiligkeit – Gerechtigkeit – Versöhnung" zum Thema „Das Buch Levitikus/Wajikra" in Köszeg/Güns, Ungarn stattfinden.

[32] Siehe hierzu SCHEUER im „DIALOG – DU SIACH" 2009: 26 – 39 zum Thema „Messiaserwartungen im Judentum und im Christentum", ua auf Worte von Martin BUBER, Gershom SCHOLEM sowie Elie WIESEL eingehend. Vom Titel der Veranstaltung „aA" betreffend den Titel des Vortrags von Dr. SCHEUER siehe hingegen die Ankündigung auf der HP des

auf der evangelischen Fakultät der Universität Wien hielt. Anno 2002 wird vom Koordinierungsausschuss die Ausstellung „Ecclesia und Synagoga in der christlichen Kunst" im **Wiener Dom- und Diözesanmuseum** gezeigt.[33] Erwähnt werden kann, dass die (Buch-[34])Kunst[35] und der Glauben ua auch ein besonderes Interesse von der Gattin von Prof Dr SCHUBERT, Ursula SCHUBERT[36], waren.

1.3.3 Die aktuellen Themen des Koordinierungsausschusses

Zufolge HIMMELBAUER[37] sind die (aktuellen) Themen des Koordinierungsausschusses (nicht zuletzt): „[...] die Feier der Karwoche ohne Abwertung des Judentums oder die Abwehr folkloristischer Aneignung jüdischer Traditionen durch wohl meinende Christinnen und Christen."[38] Was die Arbeitsfelder anbetrifft, so finden Seminare, Tagungen, Vorträge statt, es werden Führungen zu Orten

---

KOORDINIERUNGSAUSSCHUSSES FÜR CHRISTLICH-JÜDISCHE ZUSAMMENARBEIT vom 5.2.2009: „Messiaserwartungen im zeitgenössischen [sic!] Judentum und der christliche Messias [sic]", (http://www.christenundjuden.org/de/?item=753 , Abrufdatum 5.2.2009). Ungeachtet dieser – juristisch gesprochen – kleinen Kontroverse betreffend den (ganz) präzisen Titel des Vortrages war der Vortrag sehr bereichernd, interessant und von sehr vielen Zuhörern/Zuhörerinnen mit (großem) Interesse verfolgt worden. Ferner siehe zu den Messiaserwartungen des Judentums (anno 1915) etwa VENEZIANER auf der HP des COMPASS-INFODIENST, und zwar das 37. Online-Extra hiervon (http://www.compass-infodienst.de/Impressum.25.0.html , „Die Messiashoffnung des Judenthums", Abrufdatum 1.5.2009).

[33] Siehe hierzu insbesondere HIMMELBAUER auf der HP des KOORDINIERUNGSAUSSCHUSSES FÜR CHRISTLICH-JÜDISCHE ZUSAMMENARBEIT (http://www.christenundjuden.org/de/?item=479, „Im Bewusstsein der bleibenden Erwählung Israels", Abrufdatum 30.4.2009).

[34] Siehe hierzu etwa das Werk von SCHUBERT/SCHUBERT 1983: 1ff.

[35] Siehe etwa den Nachruf zu Kurt SCHUBERT auf der ONLINE-ZEITUNG DER UNIVERSITÄT WIEN (http://www.dieuniversitaet-online.at/personalia/beitrag/news/judaist-kurt-schubert-83-jahrig-gestorben/297.html, „Judaist Kurt Schubert 83-jährig gestorben", Abrufdatum 1.5.2009), in welcher ua zu lesen ist: „Weiters forschte er [gemeint: Kurt SCHUBERT] zu antiker und mittelalterlicher jüdischer Kunst."

[36] Siehe ua auch CASTELLAZO/SCHUBERT/SCHUBERT/ZYDOWSKI INSTYTUT HISTORYCZNY W POLSCE 1983: 1ff etwa zur Thematik des sog „Bilder-Pentateuch". (CASTELLAZO verfasste 1521 eine Bilder-Bibel.) Zu CASTELLAZO siehe ua STEPHANI in DAVID (http://david.juden.at/kulturzeitschrift/61-65/64-Stephani.htm , „Der Mensch im Menschen ist ewig – Marginalien zum Bildnis der Juden in der modernen Kunst / Versuch einer Rückschau – Teil 1, Abrufdatum 1.5.2009).

[37] So Dr. HIMMELBAUER auf der HP des KOORDINIERUNGSAUSSCHUSSES FÜR CHRISTLICH-JÜDISCHE ZUSAMMENARBEIT (http://www.christenundjuden.org/de/?item=479, „Im Bewusstsein der bleibenden Erwählung Israels", Abrufdatum 30.4.2009).

[38] So Dr. HIMMELBAUER auf der HP des KOORDINIERUNGSAUSSCHUSSES FÜR CHRISTLICH-JÜDISCHE ZUSAMMENARBEIT (http://www.christenundjuden.org/de/?item=479, „Im Bewusstsein der bleibenden Erwählung Israels", Abrufdatum 30.4.2009).

jüdischen Lebens angeboten, es finden Einladungen zu Konzerten statt. Der so genannte „**Tag des Judentums**"[39] am 17. Jänner (erstmals seit 2000 in allen ö Kirchen begangen) wird in Erinnerung gerufen mit dem PAULinischen „Leitmotiv" *„Nicht Du trägst die Wurzel, sondern die Wurzel trägt Dich!"*[40] (Röm 11, 18).[41] Fraglich könnte sein, ob nicht die Bedeutung der Existenz der (eigenen) Judaica-**Bibliothek** des Koordinierungsausschusses – auch auf der HP – uU mehr zT hervorgestrichen werden könnte: zahlreiche interessante Werke behandeln Fragen des Judentums sowie der Relation Christentum-Judentum.

1.3.4   Perso(e)n(lichkeiten) und „Testimonials" der Organisation

Pastor und Pressesprecher des Ökumenischen Rates der Kirchen in Ö Univ.-Prof Dr NAUSNER[42], Univ.-Prof. Dr. Martin JÄGGLE[43], Dr. Willy WEISZ[44] , Dr. Christoph

---

[39] Siehe hierzu ua auch SPRINGER auf der HP der KATHOLISCHEN KIRCHE VORARLBERG vom 14.1.2009 (http://www.kath-kirche-vorarlberg.at/organisation/kirchenblatt/artikel/kopf-der-woche-dr.-willy-weisz, „Kopf der Woche: Dr. Willy Weisz, Abrufdatum 2.5.2009): „[…]Dass auch in den christlichen Kirchen die Neugier, mehr über das Judentum wissen zu wollen, wächst, das wünscht sich Weisz vom „Tag des Judentums". „Denn der beste Weg, um Fehlinformationen und Vorurteile abzubauen, ist es, wenn wir möglichst authentisch aus erster Hand erfahren, wie andere ihren Glauben sehen und leben", ist Weisz überzeugt." Zur Bedeutung siehe ua die HP des KOORDINIERUNGSAUSSCHUSSES FÜR CHRISTLICH-JÜDISCHE ZUSAMMENARBEIT (http://www.christenundjuden.org/de/?item=634, „Vortrag von Ruth Steiner in Linz", Abrufdatum 2.5.2009), auf welcher ua betreffend den so genannten „Tag des Judentums" festgehalten wird: „Die christlichen Kirchen in Österreich feiern den 17. Jänner als „Tag des Judentums". Die Kirchen wollen sich dabei ihres gemeinsamen Fundaments erinnern, der Verwurzelung im Judentum." Ein Beispiel für diese Auseinandersetzung ist etwa Mag. Ruth STEINER, zu der vermerkt wird: „Ruth Steiner verkörpert in ihrer Lebensgeschichte die Suche einer Christin nach den jüdischen Wurzeln. Sie informierte und klärte auf über die Spezifika der christlichen und jüdischen Religion, über die Verständigung der beiden Religionen bis in den Alltag hinein." , vgl hierzu die HP des KOORDINIERUNGSAUSSCHUSSES FÜR CHRISTLICH-JÜDISCHE ZUSAMMENARBEIT vom 18.1.2008, betreffend einen Vortrag von Mag. STEINER in Linz am 17.1.2008 (http://www.christenundjuden.org/de/?item=634 , „Vortrag von Ruth Steiner in Linz", Abrufdatum 2.5.2009).

[40] So heißt es im Römer-Brief der INTERDIÖZESANEN KATECHETISCHEN VERSION betreffend das „**Bild vom Ölbaum**" zu Röm 11,17f: „ Wenn aber einige Zweige herausgebrochen wurden und wenn du als Zweig vom wilden Ölbaum in den edlen Ölbaum eingepfropft wurdest und damit Anteil erhieltest an der Kraft seiner Wurzel, so erhebe dich nicht über die anderen Zweige. Wenn du es aber tust, sollst du wissen: Nicht du trägst die Wurzel, sondern die Wurzel trägt dich."

[41] Siehe hierzu insbes die HP mit des KOORDINIERUNGSAUSSCHUSSES FÜR CHRISTLICH-JÜDISCHE ZUSAMMENARBEIT mit der Überschrift „Stellungnahmen (2000)" vom 30.1.2000, (http://www.christenundjuden.org/de/?id=78#TagJudent, Abrufdatum 1.5.2009).

[42] Prof. Dr. NAUSNER ist Pastor der Evangelisch-Methodistischen Kirche und ist Superintendent außer Dienst. Prof. Dr. NAUSNER hat zB anno 2005 den Orientalisten Prof. Dr. ALLERHAND, seit Jahren als Vorstandsmitglied im Koordinierungsausschuss tätig, und dessen Schwerpunkt Judaistik ist, betreffend dessen Ehrung durch die Israelische Akademie in Jerusalem für seine Verdienste um die

KONRATH[45], Christiane ARNBOM, Mag.a Ruth STEINER[46], Mag. Roland WERNECK[47], Mag.a Brigitte UNGAR-KLEIN[48], Dr.a Eleonore LAPPIN[49] sowie Sr.a Mag.a Gisela PORGES FMA[50] sind derzeit Vorsitzende des Koordinierungsausschusses. Dr. Markus HIMMELBAUER[51] gestaltet insbes die Quartalszeitschrift „Dialog Du-Siach" und hält Vorträge ua am **Jüdischen Institut für Erwachsenenbildung**[52].[53] Prominente, einem breiten Publikum bekannte

---

hebräische Sprache in Gestalt eines Textes gewürdigt. Siehe hierzu NAUSNER auf der HP des KOORDINIERUNGSAUSSCHUSSES FÜR CHRISTLICH-JÜDISCHE ZUSAMMENARBEIT am 1.6.2005 (http://www.christenundjuden.org/de/?id=433, „Ehrung für Professor Jacob Allerhand", Abrufdatum 1.5.2009).

[43] Univ.-Prof. Dr. Martin JÄGGLE ist Professor für Religionspädagogik und Katechetik an der katholisch-theologischen Fakultät. Zu JÄGGLE siehe ua HIRTH auf der HP des INFORMATIONSDIENSTES WISSENSCHAFT vom 8.5.2008 (http://idw-online.de/pages/de/news259223 , „Europapreis für Prof. Dr. Martin Jäggle", Abrufdatum 2.5.2009).

[44] WEISZ ist AKH-Seelsorger, ferner Mitglied der Fakultät für Informatik der Universität Wien. Zu Dr. WEISZ siehe ua SPRINGER auf der HP der KATHOLISCHEN KIRCHE VORARLBERG (http://www.kath-kirche-vorarlberg.at/organisation/kirchenblatt/artikel/kopf-der-woche-dr.-willy-weisz , „Kopf der Woche: Dr. Willy Weisz, Abrufdatum 2.5.2009).

[45] Der Verfasser dankt nicht zuletzt ua für wertvolle, sachliche und wichtige Einblick in den Umgang mit anderen an der Universität Wien, etwa zT am Wiener JURIDICUM, insbesondere dem Umgang mit Studenten und Studentinnen, die Fragen stellen, nicht alles „nachbeten", Überlegungen anstellen und nicht in ein „dogmatisch"-„sauberes" „Denkschema" „typischerweise" passen, insbesondere dankt er auch in aller Form davor, ihn vor Enttäuschungen betreffend das „Anspruchsniveau" des einen oder anderen „Prüfers" und – zumindest dem Wortlaut nach – „Wissenschafters" (in sachlicher, nüchterner und wissenschaftlicher) Form bewahrt zu haben, wie auch in einen – sehr wertträchtigen analytisch-sauberen und wissenschaftlich korrekten – Einblick in den „Umgang" mit wissenschaftlich und engagiert agierendem (potentiellem) Nachwuchs, ihn dergestalt vor so mancher Enttäuschung bewahrend: danke!

[46] Zu Mag.a STEINER siehe ua die HP des KOORDINIERUNGSAUSSCHUSSES FÜR CHRISTLICH-JÜDISCHE ZUSAMMENARBEIT vom 18.1.2008 (http://www.christenundjuden.org/de/?item=634, „Vortrag von Ruth Steiner in Linz", Abrufdatum 2.5.2009).

[47] Dr. WERNECK ist Pfarrer und Studienleiter an der Evangelischen Akademie Wien.

[48] Mag.a UNGAR-KLEIN ist Historikerin sowie Leiterin des Jüdischen Instituts für Erwachsenenbildung in Wien.

[49] Dr.a LAPPIN ist Vizepräsidentin der jüdisch-liberalen Gemeinde OR CHADASCH. Zu LAPPIN siehe ua BET DEBORAH – FRAUENPERSPEKTIVEN IM JUDENTUM (http://www.bet-debora.de/neu/tag_jour2/uns/tagungen_jour2_uns2.htm , „Journal 2 2001 – Unsere Mischpoche – Unsere Kehille", Abrufdatum 2.5.2009).

[50] Sr.a Mag. PORGES ist Mittelschulprofessorin für Geschichte und Religion.

[51] Zu Dr. HIMMELBAUER siehe ua den Text „Markus Himmelbauer" vom 26.3.2005 auf der HP des KOORDINIERUNGSAUSSCHUSSES FÜR CHRISTLICH-JÜDISCHE ZUSAMMENARBEIT (http://www.christenundjuden.org/de/?item=56, Abrufdatum 1.5.2009

[52] Dieses entstand 1988/1989 auf Initiative von Prof. Kurt ROSENKRANZ, es soll dem Abbau von Vorurteilen dienen, Informationsdefizite reduzieren. Angeboten werden ua Tanzkurse sowie Sprachkurse, ua auch des Jiddischen, ferner wird zur „Jiddischen Theaterwoche" eingeladen. Ferner werden ua Informationen zur jüdischen Küche angeboten. Des weitern wird über den Wiener Stadttempel informiert, siehe hierzu sowie zur „Jiddischen Theaterwoche" ua nicht zuletzt UNGAR-KLEIN auf der HP des JÜDISCHEN INSTITUTS FÜR ERWACHSENENBILDUNG iRd HP der WIENER VOLKSHOCHSCHULEN (http://www.vhs.at/3305.html , „Der Wiener Stadttempel", Abrufdatum 2.5.2009).

Persönlichkeiten sowie Unterstützer des Vereins sind ua die (ORF-)Moderatorin und – Sprecherin Danielle SPERA sowie der (Josefstadt- und Fernseh-)Schauspieler Fritz MULIAR. Unlängst geehrt wurde ua Prof Dr. ROSENKRANZ für sein Engagement im Abbau von Informationsdefiziten bei Christen/Christinnen betreffend das Judentum und die jüdische Religion.

1.3.5   „Beitreten, Mitmachen, Unterstützen"?

Um (nur) EUR 33,- kann jedermann/jede Frau Mitglied des Vereins derzeit werden (, wobei da bereits die anspruchsvolle und lesenswerte Zeitschrift „Dialog – Du Siach" bereits im Preis inbegriffen ist).[54] Der Verein ist grds durchaus sehr an (Mit-)Menschen interessiert, denen (ernsthaft) der christlich-jüdische Dialog, sei es als Jüdin (als Jude), sei es als Christin (als Christ) am Herzen liegt. Überdies ist der Verein auch durchaus sehr für ehrenamtliche Mitarbeit dankbar. Hierzu wird insbesondere empfohlen sich an Dr. HIMMELBAUER[55] zu wenden, der die potentiellen Möglichkeiten ehrenamtlicher Mitarbeit ruhig und geduldig darlegt.

1.3.6   „Diversity" – Chancen der Vielfalt in dieser NGO?

Diversity Management ist ein Konzept zur Integration von Vielfalt (Geschlecht, Alter, ethnischer Hintergrund, Behinderung, sexuelle Orientierung, Religion usw.).[56] In diesem Kontext – insbes aus Sicht der gegenwärtigen „amtskirchlichen" (reaktionären) „Rufe" (etwa von Pfarrer WAGNER), zeigt sich, wie wichtig die Existenz der NGO „Koordinierungsausschuss für christlich-jüdische Zusammenarbeit" ist. Es ist ein Gebot

---

[53] Weitere wichtige Mitglieder des Vereines sind nicht zuletzt ua Mag.a Dr.a Dietlind PICHLER, welche für die Bibliothek zuständig ist, fernerhin Waltraud PIRKL sowie weiters Robert DIETL.

[54] Siehe hierzu nicht zuletzt die HP des KOORDINIERUNGSAUSSCHUSSES FÜR CHRISTLICH JÜDISCHE ZUSAMMENARBEIT (http://www.christenundjuden.org/de/?item=128 , Abrufdatum 30.4.2009).

[55] Zu Dr HIMMELBAUER siehe ua auf der HP des INTERNATIONAL COUNCIL OF CHRISTIANS AND JEWS, (http://www.jcrelations.net/de/?item=1143 , „Himmelbauer, Markus", Abrufdatum 1.5.2009).

[56] Siehe hierzu ua DIVERSITYWORKS 2007: 7.

der Stunde, den krankhaften, gefährlichen Gottes-Lästerer und Gläubigen-Vertreiber Pfarrer WAGNER, der mit seinen Äußerungen tausende (einfache, demütige) Mitmenschen in den Pfarren insbesondere in OÖ (zumindest innerlich) auf die „Barrikaden" gebracht hat mit seinen Worten, in die (sachlichen, nüchternen, lebensnahen, pragmatischen und klaren) Schranken zu weisen: war so manchem der Kirchenaustritt eine „Lösung" mit der Frustration um „BENE"-DIKTS persönliche Weltauffassung, was denn nun „der" „wahre" röm.-kath. Glaube sei, umzugehen, so sei – all denjenigen, die der röm.-kath Kirche treu bleiben wollen, die Chance und die Idee nahegelegt, mit den lebensnah-pragmatischen Geistern insbesondere im Koordinierungsausschuss auf „Tuchfühlung" zu gehen, sich mit dem inter-religiösen Dialog (ernsthaft, sachlich) zu befassen, und mit dem, was etwa das Konzilsdokument des II. Vatikanum, „ Erklärung über das Verhältnis der [erg: röm.-kath.] Kirche zu den nichtchristlichen Religionen – „Nostra Aetate"[57] kommunizierte: dies ist (ein) Gebot der Stunde. Nicht aufgeben, sondern eventuell den Verein – sei es durch ehrenamtliche Mitarbeit, sei es durch Besuch der – nicht zuletzt etwa von HIMMELBAUER gestalteten HP - , sei es durch Bestellen eines Abonnement der Zeitschrift „Dialog – Du Siach" oder einen Beitritt zum Verein „Koordinierungsausschuss für christlich-jüdische Zusammenarbeit" zu unterstützen. Hätte KÖNIG nicht etwa Vergleichbares vorgebracht?

1.3.7   Ein Ausblick mit Kardinal Franz KÖNIG ?

Der Koordinierungsausschuss zeigt, dass ein Wort gelten dürfte, welches ua Kardinal KÖNIG[58], der zufolge etwa Dr. HIMMELBAUER al „Mentor und Träger der christlich-jüdischen Erneuerung"[59] bezeichnet werden darf, lancierte: „Sagt nie: „Das ist zu schwierig, da kann man nichts machen. „ Das ist eine gefährliche Ausrede. Sagt nie:

---

[57] Bzw. auf Latein: „Decretum de Ecclesiae Habitudine ad Religiones Non-Christianas „Nostra Aetate"" (aus 1966).

[58] Siehe hierzu KÖNIG in FENZL/NUSSBAUMER 2004: 129.

[59] Siehe hierzu alleine (bereits) die Überschrift eines Textes von Dr. HIMMELBAUER auf der HP des INTERNATIONAL   COUNCIL   OF   CHRISTIANS   AND   JEWS (http://www.jcrelations.net/de/?item=1143 ,"König, Franz Kardinal – Mentor und Träger der christlich-jüdischen Erneuerung, Abrufdatum 1.5.2009).

Auf mich kommt es nicht an." Das ist der Beginn allen Unglücks."[60] KÖNIG[61] hielt ua fest: „Gespräch und Annäherung von Juden, Christen und Muslimen sind heute – angesichts der einswerdenden[62] Welt – nicht nur möglich, sondern notwendig [sic!], ja unverzichtbar [sic!]. Unverzichtbar nicht nur, um ihren eigenen Geboten nach Frieden, Geschwisterlichkeit und Gerechtigkeit treu zu bleiben. Sondern unverzichtbar auch, um der größten Herausforderung unserer Zeit – der unseligen Überzeugung, dass der Mensch das höchste Wesen für den Menschen sei – mit ihrem gemeinsamen Glauben an den allmächtigen[63] und barmherzigen[64], gerechten[65] und gnädigen[66] Gott[67] entgegenzutreten."[68]

---

[60] Siehe hierzu KÖNIG in FENZL/NUSSBAUMER 2004: 129.

[61] So KÖNIG in FENZL/NUSSBAUMER 2004: 29.

[62] Fraglich könnte sein, ob dem – allen Ernstes – bei lebensnaher Betrachtung, realiter – de facto (gerade auch aus gegenwärtiger Warte aus) so ist.

[63] Fraglich könnte sein, ob dieses Bild des „all[sic!]-mächtigen" Gottes – gleich in welcher „Religion" – nicht zuletzt aus zeitgemäßer, lebensnaher, praxis-bezogener Betrachtung heraus – ein kommunizierbares ist: wie sieht es – ua - mit **Auschwitz, Bergen-Belsen, Theresienstadt** aus? Wie mit **„Hexenverfolgungen", „Kreuz"-Zügen** uvm? „Gott", der „all[sic!]-mächtig" ist, soll – noch dazu als – zufolge KÖNIG – „gnädig" agierender sowie „barmherziger" Gott dies – in seiner „All(?)"-„Macht" zugelassen haben? Wieso gelangt – der auch wissenschaftlich dereinst tätige – Kardinal KÖNIG –, eingedenk der geschichtlichen Fakten, die deutlich und präzise eine (erschreckende, blutige, grausame und makabere Spur) – nicht zuletzt **„im Namen Gottes"** [sic!] (wenn man dies so formulieren dürfte) dokumentieren, zu einem derartigen „Bild" Gottes?

[64] An dieser Stelle, könnte uU durchaus fraglich sein, ob vielen (Mit-)Menschen a) klar ist, was dieses Wort (sei es grob, sei es präzise) bedeutet sowie b), ob es – wird des erläutert – vom einen oder anderen / der einen oder anderen Gläubigen auch – realiter, bei lebensnaher Betrachtung – allen Ernstes so empfunden, so „wahr"-genommen wird.

[65] Hier wird uU gefragt werden können, an welche(n) Gerechtigkeitsbegriffe(n) der Autor – in concreto, bei lebensnaher, praxisbezogener Analyse – dachte, was er – in concreto – bei diesem Wort im „Sinn", etwa iSv „vor Augen" hatte.

[66] Fraglich könnte sein, ob viele (Mit-)Menschen das Wort „gnädig" (präzise) definieren können. Bestehen hier klare Vorstellungen?

[67] Bei „Gott" könnte uU fraglich sein, an welchen Gott KÖNIG – exakt, präzise – dachte.

[68] So KÖNIG in FENZL/NUSSBAUMER 2004: 29.

1.4 Zusammenfassung und Ausblick

Insgesamt zeigt sich, dass eine Zentralaufgabe des Koordinierungsausschusses wohl nach wie vor darin besteht, Desinformation zu beseitigen, Ängste abzubauen[69], **Informationsasymmetrien**[70] zu **reduzieren**, um dergestalt nüchtern, sachlich vom „Ich" zum „Du" zu gelangen, womit sich der „Kreis" zur Zeitschrift „Dialog – Du Siach" schließt, welches man (bereits) um EUR 16,- im Inland p.a.(Ausland: EUR 19,- p.a.) käuflich erwerben und dergestalt (authentisch) seine Verbundenheit mit den Anliegen insbesondere der Ökumene, dem Stellenwert des **2. Vatikanums** und dem Gewicht des interreligiösen Diskurses sowie der Versachlichung des Dialogs in lebendiger Form – konstruktiv, dynamisch und progressiv – Ausdruck zu verleihen vermag, auch vor der Folie eines positiven „**Kontrapunkts**"[71] (ultra-)reaktionärer, (zT stark) angstbeladener und (rein) formal(istisch)-(erstarrt-)dogmatischer Rückzugsgefechte vor den Fragen „des" Glaubens in den unterschiedlichen Denkschneisen und Gefühlszugängen einer multi-kulturellen, „vielfalts"-fokussierten (lebensnahen, praktisch-pragmatischen) Gegenwarts-Auseinandersetzung in konstruktiver „Gestalt", etwa eben qua „**Dialog – Du Siach**"[72].

---

[69] Siehe hierzu ua auch die HP des JÜDISCHEN INSTITUTS FÜR ERWACHSENENBILDUNG, (http://www.vhs.at/juedischesinstitut.html , „Wir über uns", Abrufdatum 2.5.2009).

[70] So weist etwa Dr. WEISZ in einem Interview mit SPRINGER auf der HP der KATHOLISCHEN KIRCHE VORARLBERG am 14.1.2009 auf Folgendes hin: „Es ist erstaunlich, wie wenig viele Christen, auch in höheren Kirchenetagen, über das Judentum wissen, wo wir doch große Teile der Bibel miteinander teilen. Mehr voneinander zu wissen bedeutet auch mehr Verständnis für die Bedürfnisse des anderen im Alltag.", vgl hierzu http://www.kath-kirche-vorarlberg.at/organisation/kirchenblatt/artikel/kopf-der-woche-dr.-willy-weisz , „Kopf der Woche: Dr. Willy Weisz", Abrufdatum 2.5.2009).

[71] Fraglich könnte fernerhin sein, ob nicht etwa auch ein so genanntes christlich-jüdisches Lokalkommittee etwa (wieder) in Salzburg oder etwa in Kärnten – uU als konstruktiver „Kontrapunkt" zu – den Rechtsstaat aushöhlenden - „Aktionen" wie etwa dem „Lager" auf der Saualm ins Leben gerufen werden sollte, ganz zu schweigen etwa von weiteren Bildungseinrichtungen, eventuell ua auch in Kärnten.

[72] Siehe hierzu die HP des KOORDINIERUNGSAUSSCHUSSES FÜR CHRISTLICH-JÜDISCHE ZUSAMMENARBEIT, (http://www.christenundjuden.org/de/?item=128 , „Beitreten, mitmachen, unterstützen", Abrufdatum 2.5.2009).

Literaturverzeichnis

BET DEBORAH – FRAUENPERSPEKTIVEN IM JUDENTUM (http://www.bet-debora.de/neu/tag_jour2/uns/tagungen_jour2_uns2.htm , „Journal 2 2001 – Unsere Mischpoche – Unsere Kehille", Abrufdatum 2.5.2009).

BRANDT, Henry G./ MÜNNICH, Ricklef und SCHULZ-JANDER, Eva: Bestürzung und Entsetzen. Brief an Papst Benedikt XVI., vom 26.1.2009 (http://www.jcrelations.net/de/?item=3060, Abrufdatum 1.5.2009)

CASTELLAZZO, Mose(s) da(l)/SCHUBERT, Kurt/SCHUBERT, Ursula/ ZYDOWSKI INSTYTUT HISTORYCZNY W POLSCE: Bilder-Pentateuch, (Wien: Bernthaler & Windischgraetz, 1983).

CHALUPKA, Michael: Der mündige Christ, am 2.6.2008, auf der HP der DIAKONIE, (http://www.diakonie.at/goto/de/presse_service/pressetexte/der-muendige-christ, Abrufdatum 2.5.2009).

DEUTSCHER KOORDINIERUNGSRAT DER GESELLSCHAFTEN FÜR CHRISTLICH-JÜDISCHE ZUSAMMENARBEIT e.V. : „Gesellschaften für Christlich-Jüdische Zusammenarbeit, Deutscher Koordinierungsrat (DKR) e.V." , (http://www.deutscher-koordinierungsrat.de/09_01.php, Abrufdatum 1.5.2009).

DIVERSITYWORKS – PROVE UNTERNEHMENSBERATUNG GMBH (Hg): Vom Nutzen der Vielfalt – Kompendium Diversity Management – Praxisbeispiele österreichischer Organisationen, 1. Aufl., (Wien: Diversity Works – Prove Unternehmensberatung GmbH, 2007).

DROSDOWSKI, Günther und Wissenschaftlicher Rat und Mitarbeiter der Dudenredaktion (Hg.): DUDEN – Deutsches Universalwörterbuch, 2. Auflage, (Mannheim – Wien – Zürich: Dudenverlag, 1989).

DROSDOWSKI, Günther/KÖSTER, Rudolf/MÜLLER, Wolfgang/SCHOLZE-STUBENRECHT, Werner (Hg): Duden, Band 8, Sinn- und sachverwandte Wörter – Wörterbuch der treffenden Ausdrücke, 2. Aufl., (Mannheim/Wien/Zürich: Bibliographisches Institut, 1986).

FENZL, Annemarie/NUSSBAUMER, Heinz: Kardinal Franz König – Gedanken für ein erfülltes Leben, (Wien: Styria, 2004).

HIMMELBAUER, Markus: „Im Bewusstsein der bleibenden Erwählung Israels", am 24. 10.2006 auf der HP des KOORDINIERUNGSAUSSCHUSSES FÜR CHRISTLICH-JÜDISCHE ZUSAMMENARBEIT (http://www.christenundjuden.org/de/?item=479, Abrufdatum 30.4.2009).

HIMMELBAUER, Markus: König, Franz Kardinal – Mentor und Träger der christlich-jüdischen Erneuerung, auf der HP des INTERNATIONAL COUNCIL OF CHRISTIANS AND JEWS am 17.3.2004, (http://www.jcrelations.net/de/?item=1143, Abrufdatum 1.5.2009).

HIMMELBAUER, Markus: Zum Gedenken an Kurt Schubert (1923-2007), auf der HP des INTERNATIONAL COUNCIL OF CHRISTIANS AND JEWS, am 4.2.2007, (http://www.jcrelations.net/de/?item=2807 , Abrufdatum 1.5.2009).

HIMMELBAUER, Markus/TRINKS, Ulrich: Sr.a Hedwig WAHLE (1931-2001), auf der HP des KOORDINIERUNGSAUSSCHUSSES FÜR CHRISTLICH-

JÜDISCHE ZUSAMMENARBEIT, vom 31.3.2003,
(http://www.christenundjuden.org/de/?item=93 , Abrufdatum 2.5.2009).

HIRTH, Barbara: Europapreis für Prof. Dr. Martin Jäggle, auf der HP des
INFORMATIONSDIENSTES WISSENSCHAFT vom 8.5.2008 (http://idw-
online.de/pages/de/news259223, Abrufdatum 2.5.2009).

INSTITUT FÜR JUDAISTIK DER UNIVERSITÄT WIEN: HP des INSTITUTS FÜR
JUDAISTIK, (http://www.univie.ac.at/judaistik/pers/schubert.html, „emer. o.
Univ.-Prof. Dr. Dr. h.c. Kurt Schubert (1923-2007)", Abrufdatum 30.4.2009).

JÜDISCHES INSTITUT FÜR ERWACHSENENBILDUNG: Wir über uns,
(http://www.vhs.at/juedischesinstitut.html, Abrufdatum 2.5.2009).

KOORDINIERUNGSAUSSCHUSS FÜR CHRISTLICH-JÜDISCHE
ZUSAMMENARBEIT (http://www.christenundjuden.org/ , Abrufdatum
30.4.2009).

KOORDINIERUNGSAUSSCHUSS FÜR CHRISTLICH-JÜDISCHE
ZUSAMMENARBEIT: Dialog – Du Siach / Christlich-jüdische Informationen,
Nr. 75, April 2009, (Wien: Koordinierungsausschuss für christlich-jüdische
Zusammenarbeit, 2009).

LOITLSBERGER, Erich: Grundkonzepte der Betriebswirtschaftslehre,
(München/Wien: Oldenbourg, 2000).

LÜCK, Wolfgang (Hg): Lexikon der Betriebswirtschaft, 5. Aufl., (Landsberg/Lech;
Verlag Moderne Industrie, 1993).

MAYER, Iris: „Vatikan vs. Williamson: Holocaust-Leugner bleibt uneinsichtig", auf
der HP des FOCUS am 7.2.2009 (http://www.focus.de/politik/ausland/vatikan-vs-
williamson-holocaust-leugner-bleibt-uneinsichtig_aid_369197.html, „Vatikan vs.
Williamson: Holocaust-Leugner bleibt uneinsichtig", Abrufdatum 30.4.2009).

NAUSNER, Helmut: Ehrung für Professor Jacob Allerhand, auf der HP des
KOORDINIERUNGSAUSSCHUSSES FÜR CHRISTLICH-JÜDISCHE
ZUSAMMENARBEIT am 1.6.2005
(http://www.christenundjuden.org/de/?id=433, , Abrufdatum 1.5.2009).

ONLINE-ZEITUNG DER UNIVERSITÄT WIEN: Judaist Kurt Schubert 83-jährig
gestorben, vom 5.2.2007, (http://www.dieuniversitaet-online.at/index.php?id=5,
Abrufdatum 1.5.2009).

SCHEUER, Manfred: Messiaserwartungen im Judentum und Christentum, S. 26-39, in
KOORDINIERUNGSAUSSCHUSS FÜR CHRISTLICH-JÜDISCHE
ZUSAMMENARBEIT: Dialog – Du Siach / Christlich-jüdische Informationen,
Nr. 75, April 2009, (Wien: KOORDINIERUNGSAUSSCHUSS FÜR
CHRISTLICH-JÜDISCHE ZUSAMMENARBEIT, 2009).

SCHIMMEL, Annemarie: Auf den Spuren der Muslime – Mein Leben zwischen den
Kulturen, S. 1- 192, (Freiburg im Breisgau: Herder, 2002).

SCHUBERT, Eva/SCHUBERT, Kurt: „Ursula und Kurt Schubert", anno 2003,
(http://www.kurt-ursula-schubert.at/, Abrufdatum 30.4.2009).

SCHUBERT, Kurt: „Die Gründung des Koordinierungsausschusses für christlich-
jüdische Zusammenarbeit", am 19.5.2003 auf der HP des INSTITUTS FÜR
JUDAISTIK DER UNIVERSITÄT WIEN

(http://www.univie.ac.at/judaistik/pers/schubert.html, „emer. o. Univ.-Prof. Dr. Dr. h.c. Kurt Schubert (1923-2007)", Abrufdatum 30.4.2009).

SCHUBERT, Kurt: Jüdische Geschichte, 3. Aufl., (München: Beck, 1999).

SCHUBERT, Kurt: Die Religion des Judentums, (Leipzig: St. Benno Buch- und Zeitungsverlagsgesellschaft mbH, 1992)

SCHUBERT, Ursula/SCHUBERT, Kurt: Jüdische Buchkunst, (Graz: Akademische Druck- und Verlagsanstalt, 1983).

SPRINGER, Marianne: Kopf der Woche: Dr. Willy Weisz, auf der HP der KATHOLISCHEN KIRCHE VORARLBERG vom 14.1.2009, (http://www.kath-kirche-vorarlberg.at/organisation/kirchenblatt/artikel/kopf-der-woche-dr.-willy-weisz, Abrufdatum 2.5.2009).

STANZICK, Winfried: Paul Chaim Eisenberg – „Erlebnisse eines Rabbiners", Rezension auf der (HP der) „virtuelle(n)" Literaturzeitschrift SANDAMMEER (http://www.sandammeer.at/rezensionen/rabbiner-pceisenberg.htm, , Abrufdatum 30.4.2009).

STEPHANI, Claus: Der Mensch im Menschen ist ewig – Marginalien zum Bildnis des Juden in der modernen Kunst / Versuch einer Rückschau – Teil 1, in der Jüdischen Kulturzeitschrift DAVID (http://david.juden.at/kulturzeitschrift/61-65/64-Stephani.htm , Abrufdatum 1.5.2009).

UHL; Harald: Ulrich Trinks- Zwischen Geschichte und Zukunft, auf der HP der EVANGELISCHEN AKADEMIE WIEN (http://evang-akademie.at/ressourcen/nachlese/Ulrich%20Trinks%20-%20Zwischen%20Geschichte%20und%20Zukunft.pdf, Abrufdatum 2.5.2009).

UNGAR-KLEIN, Brigitte: Der Wiener Stadttempel, auf der HP des JÜDISCHEN INSTITUTS FÜR ERWACHSENENBILDUNG iRd HP der WIENER VOLKSHOCHSCHULEN (http://www.vhs.at/3305.html , , Abrufdatum 2.5.2009).

VENEZIANER, Ludwig: Die Messiashoffnung des Judenthums, auf der HP des COMPASS-INFODIENST, und zwar das 37. Online-Extra hiervon (http://www.compass-infodienst.de/Impressum.25.0.html , Abrufdatum 1.5.2009)

WENSIERSKI, Peter: „Katholische Kirche: Rechtsextremisten feiern Holocaust-Leugner Williamson", auf der HP des SPIEGEL am 26.1.2009 (http://www.spiegel.de/panorama/gesellschaft/0,1518,603618,00.html, Abrufdatum 30.4.2009).

WIKIPEDIA – DIE FREIE ENZYKLOPÄDIE: (http://de.wikipedia.org/wiki/Rothschild#Verschw.C3.B6rungstheorien, Suchbegriff „Rothschild", Abrufdatum 2.5.2009).

WITTGENSTEIN, Ludwig: Tractatus logico-philosophicus, Werksausgabe Band 1 – Tractatus logico-philosophicus, Tagebücher 1914-1916, Philosophische Untersuchungen, (Frankfurt/Main: Suhrkamp, 2006).

WITTGENSTEIN, Ludwig: Über Gewissheit, (Frankfurt/Main: Suhrkamp, 1994).